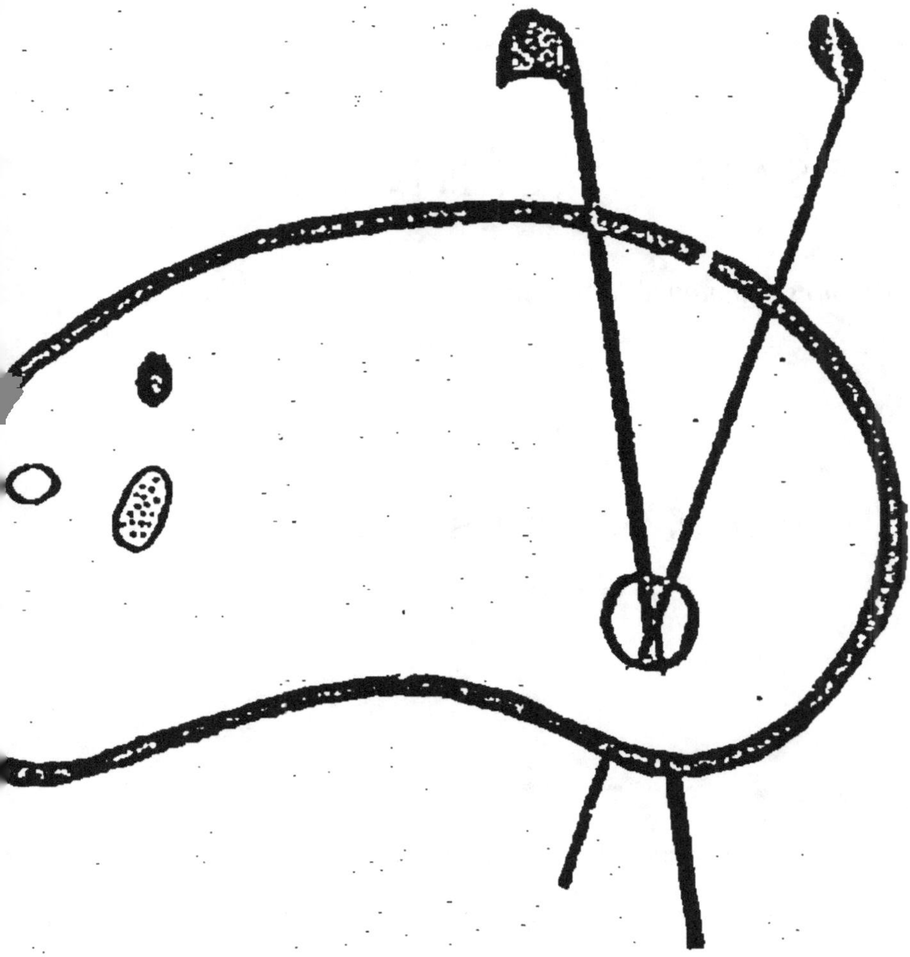

DEBUT D'UNE SERIE DE DOCUMENTS
EN COULEUR

LA
NOUVELLE FLÈCHE

DE

SAINT - BÉNIGNE

*Discours prononcé dans la Cathédrale de Dijon
le 28 Mai 1896*

PAR

Le R. P. ÉTOURNEAU

DES FRÈRES-PRÊCHEURS

Prix : 50 centimes.

DIJON
UNION TYPOGRAPHIQUE, IMPRIMERIE DE L'ÉVÊCHÉ
40, RUE SAINT-PHILIBERT, 40
1896

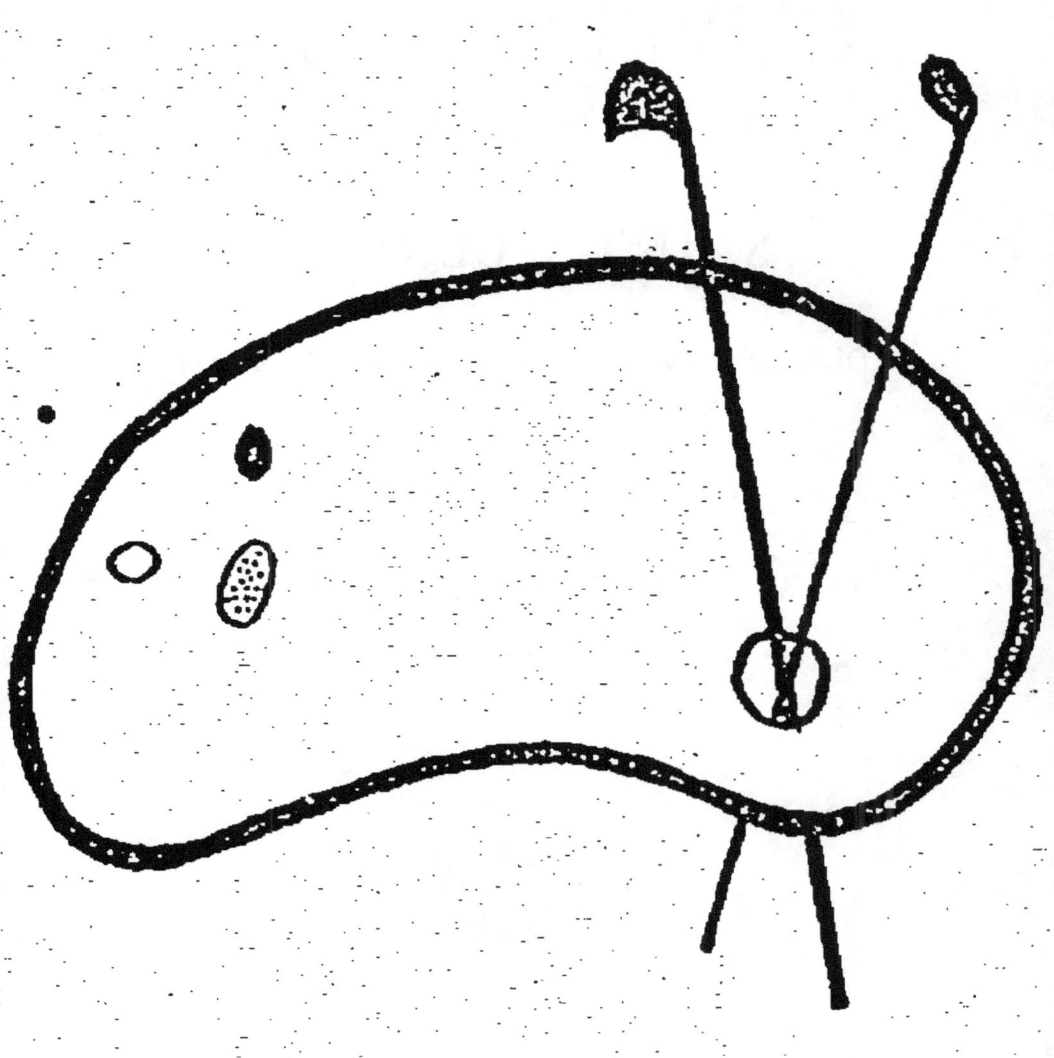

FIN D'UNE SERIE DE DOCUMENTS
EN COULEUR

LA
NOUVELLE FLÈCHE

DE

SAINT - BÉNIGNE

*Discours prononcé dans la Cathédrale de Dijon
le 28 Mai 1896*

PAR

Le R. P. ÉTOURNEAU

DES FRÈRES-PRÊCHEURS

DIJON

UNION TYPOGRAPHIQUE, IMPRIMERIE DE L'ÉVÊCHÉ
40, RUE SAINT-PHILIBERT, 40

—

1896

LA
NOUVELLE FLÈCHE

DE

SAINT - BÉNIGNE

Monseigneur,
Messieurs,

Celui que nous devons saluer le premier dans cette solennité artistique, patriotique, religieuse, c'est Dieu, car il est incontestablement le plus grand des architectes. N'a-t-il pas, dès l'origine des temps, élevé trois constructions splendides ? Il a bâti le monde pour loger l'homme, le corps humain pour loger l'âme, l'âme pour y demeurer lui-même.

Je ne vous rappellerai que votre catéchisme en ajoutant que dans ces premières constructions divines le péché avait, sinon tout démoli, du moins tout ébranlé, au point que la terre, couverte de ronces et d'épines, était devenue un séjour très pénible pour l'homme ; le corps, voué à la corruption du tombeau, un séjour finalement intolérable pour l'âme, restée immortelle dans son malheur ; l'âme dégradée, souillée, un séjour absolument inhabitable pour Dieu.

Entre Dieu et nous Jésus-Christ intervint et nous devons le saluer le second dans cette fête, car il est architecte comme son Père, et si Dieu a tout construit, si le péché a tout ruiné, Jésus-Christ a tout restauré. Il a restauré l'âme humaine, en lui rendant, sans lui enlever la concupiscence du mal, son éclat surnaturel ; il a restauré le corps, sans le dispenser de mourir, en l'affranchissant de l'esclavage, en le soulageant par les œuvres de miséricorde, en lui laissant mieux que des promesses, des germes de résurrection. L'heureux contre-coup de ces réédifications intimes s'est étendu jusqu'au monde extérieur qui, dans les fléaux qui le désolent, dans les guerres qui le ravagent, garde la trace de la chute, mais porte aussi, au milieu de ses ruines, les merveilles de la civilisation chrétienne. De plus, pour consolider à jamais ces restaurations divines, le Christ a élevé deux édifices nouveaux : il a bâti l'Eglise catholique, il a institué l'Eucharistie.

Ainsi, Messieurs, grâce à notre second architecte, la terre est redevenue pour nous une maison très habitable. A vrai dire, ce n'est plus un paradis, mais ce n'est pas un enfer, c'est une hôtellerie où nous campons volontiers, sans nous y installer comme si nous devions y rester toujours ; le corps est redevenu pour l'âme un foyer respecté et aimé, que nous ne quitterons un jour que pour le retrouver plus tard embelli et transfiguré ; l'âme elle-même est redevenue pour Dieu un tel séjour de délices que rien ne lui plaît tant que d'y demeurer.

Dans ces constructions primitives, dans ces restaurations médiévales, dans ces édifices nouveaux, tout est à admirer : les matériaux employés, le plan conçu, les coopérations requises ; rien pourtant ne dépasse en grandeur le but poursuivi : la glorification de l'Humanité par Dieu, la glorification de Dieu par l'Humanité.

Puisque Dieu a créé l'homme à son image et que, pour restaurer son image en nous, il n'a pas hésité à nous envoyer son Fils unique, nous étonnerons-nous de voir l'homme chercher à imiter Dieu : Dieu est architecte, l'homme a voulu être architecte à son tour, et comme l'architecture divine, l'architecture humaine n'est pas autre chose que l'art de bâtir.

Pour bâtir elle emploie des matériaux, c'est un art manuel,

mécanique ; pour ordonner les matériaux qu'elle emploie, elle conçoit et réalise un plan, c'est un art savant ; pour concevoir et réaliser son plan, elle se propose un but, c'est un art idéal, symbolique ; pour atteindre enfin le but qu'elle se propose, elle exige une coopération, c'est un art social.

La coopération nécessaire est-elle donnée, le but idéal et symbolique pour lequel cette coopération a été requise est-il atteint, le plan qui s'inspire de ce but est-il dressé, les matériaux employés suivant ce plan arrivent-ils à former un tout harmonieux, nous obtenons une œuvre, un monument participant de la nature et des qualités de l'architecture qui le produit : un monument matériel que nos yeux contemplent, un monument savamment et artistiquement construit que notre raison esthétique admire, un monument idéal qui symbolise une grande pensée, un monument social à l'édification duquel tous contribuent, parce qu'il incarne dans la pierre, dans le bois, dans le métal, ce que tous pensent et aiment, veulent et désirent, et qui, expression éloquente de l'état d'âme d'un siècle et d'un pays, est élevé par le présent à la dignité de monument public, en attendant qu'il devienne pour l'avenir un monument historique.

Mais si nous avons une architecture humaine née de la contemplation des œuvres divines, nous possédons encore une architecture chrétienne née de la contemplation des œuvres de Jésus-Christ. De même donc que le Christ a bâti son Eglise, les chrétiens ont construit des temples de pierre qui la représentent, et parce que ces temples sont destinés à conserver l'Eucharistie, les chrétiens les ont élevés le plus haut possible, afin de montrer au loin la demeure du Dieu bon qui, en habitant parmi nous, fait notre sécurité, notre gloire et notre joie.

Or, Messieurs, tous ces éléments de l'architecture humaine et de l'architecture chrétienne, nous les trouvons réunis dans la Flèche que nous inaugurons ce matin. Les matériaux qui la composent ont été empruntés par la main d'œuvre à la nature extérieure ; le plan a été conçu et réalisé par une intelligence humaine ; le but idéal a été indiqué par l'évêque ; la coopération a été donnée par tous : par les pouvoirs publics et par les grandes forces sociales, par le clergé et par le peuple. Enfin, c'est d'une église catholique que cette flèche s'élance, et, placée au-dessus du tabernacle, elle rappelle le Dieu qui y réside. Voilà pourquoi nous devons la saluer tour à tour comme un monument riche en matériaux et d'une grande valeur artistique, idéal et symbolique, bourguignon et français, catholique et eucharistique.

Si Dieu a construit le monde pour l'homme, l'homme a le droit de se servir des richesses matérielles de ce monde pour élever ses propres constructions. Je sais bien qu'autrefois, par la bouche de nos vieux prophètes, les grands arbres des forêts se réjouissaient de la disparition des conquérants. « Depuis qu'ils sont morts, disaient-ils, personne ne nous coupe plus. » Et cependant, Messieurs, des arbres, nous en coupons tous les jours. Qu'ils reprochent à l'homme qui les frappe d'être transformés par lui en instruments de destruction et de ruine, je le comprends, moi, fils de l'Evangile, mais je comprends au même titre qu'ils doivent s'estimer très honorés de servir aux triomphes pacifiques de l'art et de la religion. Dans les forêts profondes la hache du bûcheron a donc pu sans remords abattre des chênes ; les puissants et rapides moyens de transport que nous sommes à bon droit si fiers d'avoir inventés, nous les ont amenés ici ; les charpentiers les ont débités, équarris, montés, enchevêtrés les uns dans les autres pour les fortifier les uns par les autres. Des entrailles de la terre le carrier a tiré l'ardoise que le couvreur a placée sur la charpente en bois ; le mineur a extrait le cuivre qui compose tous les recouvrements, le cuivre a fourni encore la matière de tous les ornements en saillie. Pour obtenir ces ornements, le sculpteur a fait des moules en plâtre, dans le plâtre le plombier a coulé du métal, sur la fonte le dinandier a martelé les cuivres, et les cuivres se sont transformés sous le marteau en fleurons et en oiseaux, en gargouilles et en statues. Et vous suiviez d'un regard de sympathie et d'admiration, en tremblant pour eux plus qu'eux-mêmes, tous ces travailleurs qui montaient dans les airs à mesure qu'ils élevaient votre flèche, s'exposant aux intempéries des saisons, aux ardeurs du soleil, bravant gaiement les grains et les rafales, dont l'entrain et l'audace croissaient avec le péril, maniant, dressant, fixant à des hauteurs qui pouvaient leur donner le vertige, des pièces nombreuses, lourdes, énormes ; arrivant enfin, sans le moindre accident, à terminer un monument qui, si léger qu'il nous paraisse, pèse au moins sept cent mille livres, et à planter sur la fine pointe de son aiguille, à plus de quatre-vingt-dix mètres du sol, la croix, le coq et le bouquet de fleurs qu'était seul digne d'arroser le vin généreux de votre Côte-d'Or, le premier vin du monde.

Honneur donc, Messieurs, à tous les ouvriers qui, de près ou de loin, d'une façon ou d'une autre, ont travaillé à construire la Flèche de votre cathédrale. Je leur apprendrai peut-être une chose qui leur fera plaisir : les flèches sont d'origine démocratique. Quand le peuple, en effet, taillable et corvéable à merci, était opprimé par une féodalité devenue trop puissante, nos monuments eux-mêmes étaient comme écrasés sous des voûtes épaisses et des coupoles massives ; mais lorsque les communes, soutenues par les évêques, commencèrent à s'affranchir, de tous côtés surgirent des Flèches, expression enthousiaste des franchises populaires, bénies par la religion. Et j'aime à voir, pour ma part, dans la nouvelle flèche de Saint-Bénigne, une image de cette démocratie contemporaine qui s'élève avec tant d'ardeur par le travail, qui, à mesure qu'elle monte, voit ses horizons s'agrandir, sans s'étonner, d'ailleurs, à la hauteur où la force des événements la porte, d'essuyer des grains et des rafales. Puisse-t-elle apprendre de mieux en mieux à conjurer les périls qui la menacent, en étayant toujours, dans son mouvement ascensionnel, l'audace de l'initiative sur la sagesse de l'expérience ! Puisse-t-elle rejeter, comme des superfluités qui la dépareraient, parce qu'elles ne sont pas dans son style, toutes ces erreurs sociales, l'importation antichrétienne, antifrançaise, aussi folles que des chimères et plus grimaçantes que des gargouilles ! Puisse-t-elle comprendre que ses revendications légitimes et réalisables ne sauraient avoir un plus beau couronnement que la Croix du charpentier de Nazareth ! Puisse-t-elle enfin, sans avoir à l'arroser de son sang, déposer au pied de la Croix le bouquet verdoyant et fleuri de ses espérances réalisées !

Utilisés par les travailleurs, les matériaux dont se compose votre Flèche n'ont pas été rassemblés au hasard ; leur belle ordonnance suppose un plan. Le monde extérieur, premier chef-d'œuvre architectural de Dieu, a fourni les matériaux ; l'homme, deuxième chef-d'œuvre de Dieu, a fourni le plan, s'appliquant, corps et âme, à le concevoir et à le réaliser.

Or, il est bon de savoir que de tous les plans de construction un des plus difficiles à bien réussir, c'est celui d'une flèche. Ne demande-t-on pas à une flèche de réunir des qualités qui semblent s'exclure ? Car enfin, si je ne me trompe, elle doit paraître élégante et légère, et, si je ne me trompe encore, elle doit être solide et durable. Nous avons la prétention, quelque étrange qu'elle soit, de construire en l'air pour des siècles. Pour concilier la sveltesse qu'exige un monument aérien qui doit plaire à notre œil avec la solidité réclamée par la durée séculaire que nous sommes en droit de lui souhaiter, que de sciences exactes à connaître, que de lois précises à observer, que de calculs minutieux à établir ! La plus faible erreur peut entraîner des fautes irréparables. Une flèche n'est assurée de rester longtemps debout que si elle trouve un ferme appui à sa base, que si une étroite solidarité relie son aiguille à sa souche, que si elle supporte sans fatigue, grâce à la rigidité de son ensemble, toutes les pressions qui peuvent s'exercer sur l'une ou l'autre de ses faces, que si, enfin, sous l'action des forces atmosphériques, sous le souffle des tempêtes, elle ne subit aucune déformation. Comment remplir toutes ces conditions nécessaires ? Voilà, certes, un problème très compliqué dont la solution fait honneur à celui qui la trouve. Et encore n'est-ce rien ou à peu près rien. Car, Messieurs, qu'une flèche soit solide, cela nous semble si naturel que, la plupart du temps, nous ne soupçonnons même pas les difficultés à vaincre pour obtenir ce premier résultat, et ceux-là seuls peuvent bien les apprécier qui, comme on dit, sont du métier. Quant à la foule, elle rend à la science qu'elle ignore un inconscient hommage, en passant au pied des monuments les plus hardis, sans qu'elle ait même la pensée de se dire : Pourquoi cette masse ne me tombe-t-elle pas sur la tête ? Et ainsi l'architecte tire son premier rayon de gloire populaire de la sécurité qu'il inspire.

Messieurs, le plus grand problème à résoudre, ce n'est pas tant d'élever dans les airs une flèche solide que de lui donner, en la construisant aussi solidement que possible, la grâce et l'élégance qui plaisent au regard. « La moindre imperfection, « dit Viollet-le-Duc, qu'il faut toujours citer lorsqu'on veut « bien parler de l'architecture, la moindre imperfection, quand « on a le ciel pour fond, choque les yeux les moins exercés. « L'expérience de chaque jour nous démontre que les objets « qui se détachent sur le ciel perdent ou acquièrent de leur im- « portance relative suivant certaines lois qui semblent fort « étranges au premier abord, et dont cependant on peut se ren- « dre compte par le calcul et par la réflexion. » Et l'application de ces lois « exige une délicatesse des sens très développée. » Pour obtenir la grâce et la beauté, il faut donc que la silhouette d'une flèche se détache, suivant toutes ces lois, sur le fond du ciel ; il faut que la flèche elle-même soit proportionnée à l'édifice qu'elle domine ; il faut qu'elle s'élance harmonieusement du faîtage, car, comme l'a très bien remarqué un Dominicain dijonnais, dans une brochure que sans doute vous connaissez, « une « grande difficulté de l'art ogival est de relier avec grâce aux « lignes horizontales nécessaires à toute construction les lignes « verticales auxquelles tend toujours l'architecture chrétienne. « De plus une flèche ne doit pas paraître reposer sur une église « comme une statue sur un piédestal ; elle doit paraître en sortir « comme une fleur d'un feuillage... » (1)

Eh ! bien, Messieurs, il s'est trouvé dans votre ville un homme qui, après avoir acquis toutes les connaissances scientifiques, historiques, artistiques, que sa noble profession suppose, les a fait converger un jour vers votre Flèche à construire. Cette construction n'a pas tardé à devenir l'idée dominante de son esprit, le point fixe de toutes ses études, et qu'il me permette de l'ajouter, l'objet caressé de tous ses rêves, car si l'architecture est une science, elle est aussi un art, un grand art, et l'art ne va jamais sans le rêve. Après avoir donc beaucoup étudié, réfléchi, observé, après avoir quelque peu rêvé, cet homme a déroulé simplement une feuille de papier sur sa table de travail et, n'armant sa main que d'un crayon, a tracé sur le papier avec

1 Le R. P. Clair : Etudes sur la Nouvelle Flèche de St-Bénigne.

le crayon le plan qu'il avait conçu. Ce plan a été exposé aux regards, aux jugements, aux critiques de tous, des maîtres et de la foule ; il a été approuvé, il a été adopté. Il ne restait plus qu'à le réaliser, et celui qui l'avait si bien conçu n'a laissé à personne le soin d'en surveiller l'exécution. Sa sollicitude, que je qualifierais volontiers de maternelle, s'est étendue aux moindres détails. Non-seulement il a tout inspiré, mais il a tout dirigé, il a tout contrôlé.

Votre Flèche est-elle solide ? Est-elle vraiment belle ? Je réponds sans hésiter : oui. Et d'abord elle est solide ; avec les grandes fermes qui portent le plancher de sa souche, avec ses poteaux vigoureusement moisés et ses jambes de force, avec ses étages d'entraits, ses enrayures et ses écharpes, elle peut braver la tempête ; plus heureuse que le chêne dont elle a la vigueur, elle ne rompra pas ; plus heureuse que le roseau dont elle a la légèreté, elle ne pliera même pas, mais debout sous la pluie, sous la neige, sous le soleil, sous le vent, elle survivra à de nombreuses générations dont elle verra passer à ses pieds, dans le tourbillon de l'existence humaine, les baptêmes, les mariages et les enterrements.

Et comme, en étant très solide, elle est gracieuse d'aspect, avec l'enveloppe ajourée de son réchaud, avec les statues, les pinacles et les oiseaux de ses contreforts, avec ses facettes tour à tour saillantes et rentrantes, avec sa croix s'élançant dans les airs à plus de quatre-vingt-dix mètres du sol ! Ne redoutons pas l'action du temps sur elle ; loin d'être à craindre, les variations du temps apporteront sans cesse à sa beauté durable des charmes nouveaux. La pluie, en la débarrassant des poussières de l'atmosphère, lui rendra son premier lustre ; la neige fera voltiger autour d'elle ses blancs flocons ; l'aurore lui prêtera ses couleurs roses et le crépuscule, ses teintes mélancoliques ; l'ardent soleil de midi la dorera de sa chaude lumière, et dans le silence des nuits étoilées la lune l'argentera de son doux rayonnement. Vous pouvez la saluer dans sa force, dans sa grâce, dans sa jeunesse, sous ses parures et sous sa couronne, avec l'enthousiasme que le moyen-âge manifestait devant les œuvres achevées de ses vieux maîtres ; vous pouvez l'appeler la *Sposa* et lui dire comme à l'Epouse du Cantique des Cantiques : « Tu es toute belle et il n'y a point de défaut en toi. » Mais vous devez saluer aussi celui qui a décoré votre ville, votre cathédrale, d'un monument si parfait, et bien que, dans cette chaire de vérité, nous réservions habituellement nos louanges pour les morts que nous voulons honorer, je me crois obligé, ce matin, par la vérité même, de faire une exception en faveur d'un vivant, — et qu'il vive longtemps encore ! — dont le nom ne vient sur mes lèvres que parce qu'il est dans tous vos cœurs. Que dans ce jour, qui doit être un des beaux jours de sa vie, dans ce jour où je le vois ici entouré de ses pairs, Messieurs les Inspecteurs des Beaux-Arts dont la haute compétence lui a décerné déjà les éloges les plus autorisés, votre architecte diocésain, M. Suisse, reçoive donc par ma bouche l'hommage de la reconnaissance et de l'admiration universelles.

Notre hommage, Messieurs, resterait incomplet s'il ne louait dans la Flèche de Saint-Bénigne que sa valeur artistique ; l'art lui-même qui l'a construite reçoit son suprême éclat des choses qu'elle symbolise, du but qu'elle rappelle. Ces choses, je le dis sans la moindre exagération, sont les plus grandes auxquelles nous puissions penser ; ce but, le plus sublime qu'il nous soit possible d'atteindre.

Dieu, nous l'avons vu, est architecte, parce qu'il a édifié trois constructions splendides : il a bâti le monde pour l'homme, le corps pour l'âme, l'âme pour lui-même. Et l'architecture humaine imite l'architecture divine. Au monde extérieur elle emprunte ses richesses ; à l'âme elle demande ses conceptions et ses plans. Aura-t-elle aussi la puissance de rappeler à l'âme qu'elle est faite pour Dieu ? Oui, Messieurs ; cette puissance, elle la possède par son symbolisme religieux. Mais si ses matériaux, pour être employés, exigent des ouvriers, si ses plans, pour être conçus et réalisés, requièrent une intelligence, qui donc pourrait mieux traduire son symbolisme religieux que celui qui est sur la terre le représentant officiel de Dieu, le Prêtre et, entre tous les prêtres, l'Evêque !

Or, quel est le symbolisme des flèches de nos églises, et en particulier de nos cathédrales ? Votre premier pasteur vous l'a expliqué maintes fois avec une haute éloquence. Mais puisqu'il m'a fait l'insigne honneur, en des circonstances que je n'oublie-rai jamais, de me prendre pour son interprète, je ne puis que vous répéter, en m'inspirant de ses enseignements, ce qu'il vous a si bien dit le premier.

Comme les flèches qui dominent ses temples, le Christia-nisme est d'origine plébéienne, et c'est une justice à nous rendre que, loin de chercher à cacher notre obscure origine, ainsi que de vaniteux parvenus, nous nous sommes au contraire toujours glorifiés d'avoir eu pour premiers apôtres et premiers pasteurs des pêcheurs de Galilée. Or, Messieurs, ces pêcheurs avaient au moins une barque, et, selon toutes les vraisem-blances, cette barque devait avoir un mât. Aussi, quand nous lisons l'Evangile, quand nous faisons revivre sous nos yeux les scènes qu'il nous raconte, nous la voyons, cette barque, avec sa voile blanche et son mât, avec son ancre et ses filets, montée par Jésus et ses disciples, tantôt cinglant vers la haute mer, tantôt côtoyant le rivage ; tantôt secouée par la tempête, tantôt se balançant paisiblement sur les flots, sous un ciel sombre ou sous un ciel d'azur, à la lumière éclatante du grand jour ou dans l'obscure clarté des nuits d'Orient.

Ce bateau de pêche n'était-il pas une figure prophétique de l'Église elle-même, j'entends de la société spirituelle dont les successeurs des Galiléens sont les capitaines et les pilotes ? Et comme cette société, en prenant de l'importance, fut naturelle-ment amenée à chercher des lieux déterminés pour tenir ses réunions, lorsqu'il lui fut loisible de sortir des catacombes, elle s'inspira encore de la barque de Pierre dans ses constructions matérielles. Ainsi l'Eglise est une Nef mystique, et nos temples saints, pour rappeler une expression chère au moyen âge, sont de véritables *naus*. Rien de plus juste que cette désignation si pittoresque. Voyez plutôt cette église qui n'ayant plus ni tour, ni clocher, ni flèche, élève péniblement sa lourde masse un peu au-dessus des maisons : ne dirait-on pas la coque énorme d'un navire qui a subi des avaries et demande un radoub ? Considérez au contraire cette autre église, achevée ou restaurée : ne vous semble-t-elle pas un vaisseau de haut bord, ponté et mâté, pourvu de tous ses agrès, en marche vers des continents mysté-rieux ? Et parce que la société religieuse, fondée par Jésus,

Christ, s'est établie partout, gardant partout l'unité de commandement dans la variété d'une hiérarchie puissamment organisée,
partout aussi elle a multiplié ses églises. Ce n'est plus une
pauvre petite barque, ce n'est plus un seul navire que nous
avons sous les yeux, c'est une flotte dont les escadres sans
nombre croisent dans tous les parages. Et chaque escadre, ou,
si vous le voulez, chaque diocèse, a une cathédrale qui est
comme son vaisseau-amiral. Il convient donc que la cathédrale,
·mère et maîtresse des églises diocésaines, les domine toutes,
qu'elle élève au-dessus de toutes sa flèche qui est son grand mât,
parce que ce grand mât porte le pavillon du commandement en
chef. Or, le dernier grand mât de votre vaisseau-amiral avait été
abattu ; c'est à le remplacer que s'est employé l'ancien Aumônier de la flotte française devenu votre premier Pasteur. Par
ses soins un nouveau grand mât a donc été dressé, et debout à
son banc de quart, au pied du mât qui porte son pavillon et
transmet ses signaux, l'Evêque ordonne à tous ses prêtres
qui sont ses lieutenants, de mettre, à son exemple, dans les navi-
res grands ou petits qu'ils dirigent en sous-ordre, le cap sur
l'infini, sur l'éternité, sur Dieu.

Symbole du commandement supérieur dans la hiérarchie
ecclésiastique du diocèse de Dijon, la Flèche de votre cathédrale
rappelle non-seulement aux prêtres, mais à tous les fidèles, à
tous les passagers qui font la traversée de la vie présente, en les
obligeant à regarder le ciel, à quel rivage ils doivent aborder.
Dieu, en effet, est le terme obligé de toute destinée humaine, et
autant ce but général est supérieur aux fins diverses que vous
pouvez poursuivre, individuelles ou domestiques, commerciales
ou industrielles, politiques ou sociales, autant les monuments
qui nous montrent notre but suprême, doivent être au-dessus de
ceux qui représentent nos fins secondaires. Voilà pourquoi la
Flèche de Saint-Bénigne domine les cheminées de vos usines, les
toits de vos maisons, de vos magasins, de vos gares, de vos
écoles, de vos musées, de vos casernes, des palais qui abritent
vos pouvoirs et vos libertés. Je m'empresse d'ajouter qu'elle les
domine sans chercher à les écraser, car de même que nos fins
secondaires se concilient avec notre fin dernière, et que vous
pouvez être de bons pères de famille, des commerçants honnêtes

et avisés, des soldats vaillants, des professeurs émérites, des citoyens éclairés, des patriotes ardents, en même temps que d'excellents chrétiens, ainsi ce monument s'harmonise à merveille avec tous les autres monuments de votre cité. S'il obtient le record de l'élévation matérielle, ce n'est pas pour réaliser le rêve d'une vanité puérile, c'est pour vous faire obtenir, à vous-mêmes, le record de l'élévation morale. Il n'est grand que pour vous apprendre à grandir ; il ne se dresse dans le ciel que pour nous avertir que nous avons à nous redresser nous-mêmes, à reprendre toute notre taille dans le monde, à atteindre Dieu. C'est quand nous restons dans les bas-fonds des questions personnelles, des calculs égoïstes, des intérêts de coterie et des passions sectaires, que nous voyons des oppositions où Dieu n'a mis que des différences, que l'amertume nous remplit le cœur et que la malédiction nous jaillit des lèvres ; mais sur les hauteurs chrétiennes où cette Flèche vous invite à monter, sur ces hauteurs où nous pouvons aspirer à pleins poumons l'air pur et vivifiant des grands courants évangéliques, sur ces hauteurs où, bon gré mal gré, l'esprit s'élargit et le cœur se dilate, je vous mets au défi de haïr, de bouder et de maudire. Mais, sans perdre de vue notre fin suprême, nous saurons admirer et les progrès de l'industrie, et les découvertes de la science, et les merveilles de l'art, et tous les louables efforts tentés pour améliorer les conditions de l'existence humaine. Je ne dis pas assez, Messieurs ; non-seulement notre fin suprême n'est pas en opposition avec nos fins particulières, domestiques ou sociales, mais elle nous en facilite la poursuite par les forces qu'elle nous donne, par les devoirs qu'elle nous impose, par les vertus qu'elle nous inspire, agrandissant les intelligences, ennoblissant les cœurs, sanctifiant les foyers, pacifiant la société. N'est-ce pas du ciel que la flèche nous montre, qu'est descendue cette parole : « Paix sur la terre aux hommes de bonne volonté ! » Plus donc, à l'appel silencieux de votre Flèche, vous monterez vers Dieu dans la lumière et dans l'amour, plus le bruit de tous les conflits humains vous paraîtra grêle, plus votre sérénité s'accroîtra, et nous verrons bien, au soir de ce siècle agité par tant d'orages, si nous n'arriverons pas enfin, à force de bonne volonté, à projeter cette sainte paix de l'Evangile tout autour de nous dans le monde, comme votre Flèche projette sa silhouette sur les toits qui l'avoisinent, ou encore, comme aux dernières heures d'un jour d'été, sur les vallées où s'est concentrée, avec la chaleur solaire, l'agitation humaine, finit par s'étendre l'ombre bienfaisante qui descend lentement des grands monts.

Relisez, Messieurs, tous les mandements de votre Evêque, rappelez-vous tous les discours qu'il a prononcés au cours de ses visites pastorales et à Dijon et dans les autres villes du diocèse et jusque dans vos plus modestes campagnes, pour faire connaître une œuvre dont son prédécesseur, aujourd'hui cardinal-archevêque de Bordeaux, avait eu l'idée, et il vous sera facile de vous convaincre qu'il ne l'a entreprise que pour vous élever par elle jusqu'à Dieu. S'il a pris la peine, s'il a eu la joie de la mener à terme, si la Flèche de Saint-Bénigne se dresse au-dessus de vos maisons pour vous montrer à tous votre demeure éternelle, si en vous remémorant sans cesse votre but suprême, elle contribue à vous faire atteindre plus aisément, dans notre société pacifiée, vos fins particulières, de ce monument qui vous prêche de si grandes choses vous ne séparerez jamais le souvenir du Pontife qui l'a jeté dans les airs comme un pont destiné à relier la terre au ciel. Honneur donc à vous, Monseigneur, honneur et reconnaissance! Votre cathédrale vous doit déjà beaucoup; elle vous devra plus encore, quand vous aurez réalisé pour elle les derniers projets d'embellissement que vous formez; mais de tous les monuments dont elle ne tardera pas à être ornée, aucun ne portera plus haut que cette Flèche, aucun ne transmettra mieux aux générations futures, votre nom fixé à jamais dans le cœur des Dijonnais et dans leur glorieuse histoire.

N'est-ce pas une page d'histoire que vous venez d'écrire à la gloire de la Bourgogne et de la France, en vous empressant d'offrir à votre Evêque le concours qu'il vous demandait ?

L'architecture est un art social. Pour tracer les plans les plus magnifiques, sans doute l'architecte n'a besoin que d'un crayon, mais, pour les réaliser, il doit s'assurer une collaboration pécuniaire proportionnée à la grandeur de l'œuvre qu'il médite. Les temps légendaires sont finis : ce n'est plus au son mélodieux des lyres, c'est au son métallique de l'argent que s'élèvent toutes les constructions. Or, Messieurs, ce concours pécuniaire indispensable n'est donné, surtout lorsqu'il prend la forme d'une souscription populaire, qu'autant que l'œuvre pour laquelle on le sollicite, répond aux idées, aux désirs, aux aspirations de tous. Si donc aujourd'hui, grâce à vos libéralités, une nouvelle Flèche se dresse sur le faîte de votre cathédrale, c'est que vous avez entendu exprimer par elle, de la façon la plus solennelle et la plus durable, ce que vous, Bourguignons et Français du XIXᵉ siècle, vous pensez, ce que vous aimez, ce que vous voulez.

Ce monument proclame que vous avez le culte de l'art, de l'art français, de l'art bourguignon, car vous n'ignorez pas que les flèches sont françaises d'origine, et vous savez que nulle part en France elles n'ont été plus nombreuses, mieux réussies, qu'en Bourgogne et en particulier à Dijon. Henri IV n'appelait-il pas votre ville, « la ville aux beaux clochers » ? Tous ces détails historiques, si glorieux pour vous, n'ont pas de quoi nous surprendre. Il existe une harmonie singulière entre ces monuments si légers d'apparence, si solides en réalité, si élevés dans leur construction et dans leur symbolisme, et le génie français, dont le génie bourguignon est une des variétés les plus fécondes, ce génie qui sous tant de grâce et tant de légèreté cache des qualités si sérieuses, ce génie qui symbolise dans le monde l'élévation intellectuelle, la grandeur morale, les élans chevaleresques.

Ce monument, don de vos libéralités, proclame encore que vous n'avez rien tant à cœur que d'atteindre le but sublime qu'il vous montre. La société contemporaine s'oriente de plus en plus vers ses destinées suprêmes, et la fin de l'époque qui s'achève paraît devoir être marquée par un réveil de l'esprit religieux, de sorte que nous avons tout lieu d'espérer, malgré plus d'une apparence contraire, que ce siècle qui n'a pas toujours fait régulièrement ses Pâques, n'expirera pas sans recevoir les derniers sacrements. Quoi qu'il en soit, et si tout ce qui est vieux, même le siècle, doit mourir, tout ce qui est jeune veut vivre, et la jeunesse intelligente et vivante d'aujourd'hui met au premier rang de ses préoccupations, avec la question sociale, la question religieuse. C'est ainsi qu'elle songe au ciel sans oublier la terre. Devant les forces hostiles qui voudraient en vain lui barrer la route, elle revendique ce que votre Bossuet appelait si bien la liberté du passage, c'est-à-dire le droit d'aller à Dieu, et dans l'immense besoin d'apaisement qu'elle éprouve, elle travaille, avec une indépendance qui se dégage des anciens préjugés et des vieilles rancunes sans s'attacher à des rêves d'avenir chimériques, à tout pacifier, autant que possible, dans la vérité et dans la justice, dans la tolérance et dans la charité.

Ces idées de bonne entente sociale, ces aspirations religieuses, sont en France, à l'heure actuelle, au fond de tant d'âmes, elles se font jour de tant de manières dans la portion éclairée et libérale de la génération présente, que je ne m'étonne pas du concours empressé que vous avez donné à votre Evêque pour édifier un monument destiné à les symboliser.

Témoin de vos excellentes dispositions d'esprit, ce monument prouve encore que vous tenez à perpétuer le souvenir de vos plus précieuses traditions locales. Est-ce que votre Evêque, dans sa lettre pastorale du 10 avril dernier, ne vous a pas montré, l'histoire en main, que le tombeau de votre premier apôtre a été le berceau de votre prospérité municipale?

A peine une abbaye bénédictine est-elle fondée sur le sépulcre du martyr qu'autour d'elle se concentrent et la vie commerciale et la vie politique et la vie religieuse de votre cité. C'est là que les pèlerins affluent, là que derrière les pèlerins arrivent les marchands, là que ces derniers ouvrent des magasins et tiennent des foires où l'on accourt de toute la région. C'est là que vos pères nomment leurs échevins, rendent la justice, discutent les intérêts publics, défendent leurs franchises. C'est là enfin qu'on baptise et qu'on enterre. Eh ! bien, Messieurs, lorsqu'une ville comme la vôtre possède un pareil coin de terre, une terre arrosée par le sang d'un martyr, une terre sanctifiée par la prière monastique que continue la prière canoniale, une terre qui a porté et vos puissants ducs et vos fiers chevaliers et vos grands magistrats et vos saints abbés et, depuis l'érection de Dijon en évêché, tous vos pontifes, une terre qui a gardé pendant longtemps dans son sein les ossements blanchis de vos pères, je dis que vous, ses petits-fils, vous devriez la vénérer à genoux et, vous penchant sur elle, la baiser respectueusement comme on baise au front une aïeule. Je dis que la plus vulgaire reconnaissance vous imposait le devoir de perpétuer par un monument tant de souvenirs religieux et patriotiques, et quel monument pouvait mieux qu'une Flèche élevée, au centre de cette terre sacrée, sur le tombeau de saint Bénigne dont le culte est remis en honneur, sur l'antique abbatiale devenue votre église cathédrale, porter haut dans les airs et étendre au loin dans l'espace, avec la fidélité rajeunie de vos cœurs, le rayonnement de toutes vos vieilles gloires. J'ai nommé la fidélité bourguignonne. Quelles paroles l'exalteraient plus que ce simple fait : la Flèche inaugurée ce matin est la cinquième construite par les Dijonnais sur le même emplacement providentiel. Et si j'ai parlé aussi du rayonnement de vos vieilles gloires, c'est que, par une innovation des plus heureuses, la Flèche actuelle porte des statues représentant quelques-uns des personnages qui ont illustré votre province. Je dis quelques-uns, car ils sont trop nombreux pour figurer tous dans ce monument. Mais ceux qui y sont ne vous feront point oublier ceux qui auraient pu y être, et si les premiers, par leur présence, laisseront suffisamment entrevoir la richesse et la variété des parures qui composent l'écrin bourguignon, les seconds, par leur absence, loueront la modestie et le bon goût d'une ville qui craindrait de se surcharger en exhibant tous ses bijoux, d'une ancienne capitale qui possède plus de grands hommes que de statues, quand de simples sous-préfectures comptent plus de statues que de grands hommes.

Garant de votre foi et de vos bonnes dispositions présentes, mémorial de votre passé, quels évènements la nouvelle Flèche verra-t-elle se dérouler dans l'avenir ? La dernière que nous avons tous connue, puisqu'elle a été démolie en 1885, avait été construite en 1742. Ainsi elle a duré des derniers jours de l'Ancien Régime aux premiers temps de la troisième République, et entre ces deux dates extrêmes, elle a traversé, non sans subir elle-même de profondes modifications, des émeutes et des révolutions qui ont amené je ne sais combien de changements de dynasties, de constitutions, de formes de gouvernement. Elle a connu les invasions étrangères, elle a assisté à la défense de

Dijon,—il paraît même qu'elle y a été blessée — et quand nous la regardions dans sa décrépitude, toute tordue, toute penchée, toute branlante sous le souffle des tempêtes, frappée plus d'une fois par la foudre, sans cesse sur le point de s'effondrer, elle nous semblait une image de la société bouleversée au milieu de laquelle elle avait été élevée. Que la nouvelle ait une existence plus heureuse! qu'elle voie toujours la liberté, la justice et la concorde régner parmi nous, et si des guerres éclatent au dehors, qu'elle soit témoin du triomphe de nos armes! Qu'en saluant dans l'espace toutes ses sœurs dont elle est une des plus hautes et des plus belles, les autres flèches du doux pays de France, les flèches en charpenterie ou en pierre de Paris et de Chartres, d'Orléans et de Reims, de la Bretagne et de la Lorraine, elle retrouve partout à leurs pieds une patrie unie, forte, prospère! Qu'elle porte nos vœux et nos espoirs jusqu'à la flèche de Strasbourg, que des boulets ennemis ont mutilée, mais que pavoiseront de nouveau des drapeaux français!

Ces espérances et ces souvenirs, cette foi vivace en vos destinées éternelles et ce besoin grandissant d'orienter vers la paix sociale votre activité terrestre, ce culte du beau et des arts qui le révèlent, voilà donc, Messieurs, si je ne me trompe, ce que vous avez voulu exprimer dans le monument que nous inaugurons aujourd'hui. Aussi le concours pécuniaire dont nous avions besoin nous est venu de tous les côtés, et je suis heureux d'avoir à remercier ici et le Gouvernement français qui s'est constamment intéressé à la restauration de votre cathédrale en vous accordant des subsides annuels avec une bonne grâce à laquelle il me plaît de rendre hommage, et l'Armée, si dignement représentée dans cette enceinte, et la Marine qui s'est montrée fidèle à son ancien aumônier comme celui-ci lui est resté fidèle, et les riches qui ont donné de leur superflu, et les pauvres qui ont prélevé sur leur nécessaire, et au premier rang des pauvres, — je ne le dis pas sans une sainte fierté, — ce Clergé diocésain, si grand dans sa foi et dans son patriotisme, ami des beaux-arts, aussi désireux de faire revivre par ses travaux d'érudition votre histoire, vos traditions, et jusqu'à votre vieux patois, tout imprégné de sel bourguignon, que d'assurer, par sa sagesse et ses œuvres de zèle, votre avenir et celui de vos enfants ; ce Clergé qui a fourni, en ces derniers temps, plusieurs prélats à l'Eglise de France, qui vient encore de lui en donner un en la personne vénérée et aimée de M. Rouard, votre vicaire général, nommé ce matin même Evêque de Nantes, de M. Rouard à qui je suis heureux et fier d'offrir, le premier, et comme enfant de Nantes et comme ancien habitant de Dijon, les félicitations très respectueuses et très cordiales de la Bretagne et de la Bourgogne réunies.

L'avenir, Messieurs, — et je parle de votre avenir individuel comme de votre avenir social, de votre avenir terrestre comme de votre avenir éternel, — voulez-vous travailler d'une façon pratique à le réaliser ? Ecoutez les derniers enseignements de votre Flèche. Sans doute, en nous montrant le ciel, elle nous indique notre but, mais en s'élevant sur une église au-dessus du transsept, elle nous rappelle les moyens que nous devons employer pour atteindre notre but.

Le Christ a restauré l'humanité, et afin de consolider à jamais cette restauration, il l'a appuyée sur deux constructions nouvelles : il a bâti l'Eglise, il a institué l'Eucharistie. Impossible à vous, Messieurs, de vous sauver en dehors de l'Eglise, puisque ceux-là même qui ne font pas partie de son corps, appartiennent à son âme, par le seul fait qu'ils se sauvent. Impossible à vous de vous sauver sans l'Eucharistie, puisque le Baptême implique le vœu de la recevoir. Et je ne crains pas d'ajouter, en me plaçant au point de vue social, au point de vue simplement humain, que, depuis que l'Eglise et l'Eucharistie sont dans le monde, rien de grand ne s'y est produit, rien de durable ne s'y est fondé sans elles, à plus forte raison contre elles.

Or, je vous le demande, où votre Flèche prend-elle son point d'appui ? sur le faîtage d'une cathédrale, image et lieu de réunion de l'Eglise instituée par Jésus-Christ. Voilà pourquoi votre flèche est un monument catholique. Aussi porte-t-elle à son point culminant la Croix, seul instrument efficace de toutes les régénérations et du salut universel. Et que nous dit la Croix ? Elle dit à tous, en désignant au loin l'Eglise qu'elle domine :

C'est là que par les mérites infinis du Crucifié, le baptême rend aux enfants d'Adam leur céleste héritage ; c'est là que la confirmation les arme soldats de Jésus-Christ ; c'est là que la pénitence absout les fautes ; c'est là que le mariage reçoit la bénédiction qui assure son indissolubilité ; c'est là que se fait entendre la parole qui sauve ; c'est là que se transmet le sacerdoce ; c'est là que sur les cercueils se répandent les dernières prières et les suprêmes espérances ; c'est là que naissent et se développent toutes les œuvres de charité qui contribuent à l'apaisement social ; c'est là que les catholiques s'associent publiquement à tous les deuils et à toutes les joies de la patrie. Que si nous étions jamais portés, prêtres ou fidèles, à négliger les devoirs et les vertus que la Croix nous prêche, à mépriser les forces qu'elle nous offre, le Coq qui la domine, symbole de la vigilance, nous rappellerait au besoin nos promesses, flétrirait notre lâcheté, nous inspirerait des remords salutaires, comme il a rappelé dans une nuit fameuse au Prince même des Apôtres ses serments de fidélité, le couvrant de confusion pour ses reniements et lui faisant verser les larmes amères du plus touchant repentir.

Enfin, Messieurs, votre Flèche s'élève sur cette cathédrale au-dessus du transsept. Pourquoi à cette place ? La plupart des flèches couronnent des clochers, et tous les clochers sont construits pour loger des cloches. Au-dessus de ce transsept il n'y a ni clocher ni cloches ; pourquoi une Flèche ? Parce que le transsept est le point central, le foyer toujours allumé de la maison de Dieu. Ici en effet est le tabernacle où Dieu réside dans l'Eucharistie, ici l'autel où nous célébrons nos sacrés mystères, ici la table sainte où vous recevez la communion. Le dernier titre de gloire de votre Flèche aussi bien que sa première raison d'exister, c'est d'être un monument eucharistique. Entendez-vous le divin langage que ce monument vous tient ? « J'indique au loin la demeure de Celui qui se fait tout à tous pour tous vous sauver, vous béatifier, vous diviniser. Venez donc tous à lui : soldats, c'est le Pain des forts ; magistrats, c'est le Souverain qui juge les justices ; penseurs, philosophes, c'est la Sagesse incréée ; maîtres en l'art de bien dire, c'est le Verbe ; poètes, artistes, c'est le plus beau des enfants des hommes ; ouvriers, c'est le Charpentier de Nazareth ; mères, c'est le Fils d'une femme ; adolescents, c'est le Jésus de votre première communion ; vieillards, c'est le Viatique des mourants ; pécheurs et pécheresses, c'est l'Ami de Madeleine ; pauvres, c'est le Nouveau-Né de Bethléem ; calomniés et persécutés, c'est le Martyr du Calvaire ; prêtres, c'est le Pontife éternel; fidèles, c'est l'Aliment qui donne la vie à vos âmes et dépose dans vos corps le germe de la résurrection ; patriotes, c'est le Christ qui aime les Francs ; membres de la grande famille humaine, c'est le Dieu, et enfin, enfin, que vous dirais-je de plus fort, de plus extraordinaire, de plus glorieux? c'est le Dieu, qui, en descendant en vous, vous élève si haut au-dessus de vous-mêmes, que vous aussi, vous devenez des Dieux. *Dii estis.* »

En vérité, Messieurs, lorsqu'il s'agit d'édifier un monument destiné à nous rappeler des enseignements aussi sublimes et aussi pratiques, on ne regarde pas à l'argent, on le prodigue sans compter. Que pour construire la nouvelle Flèche vous ayez déjà dépensé presque deux cent mille francs, je vous en félicite de tout mon cœur ; qu'il reste quelques milliers de francs à solder, c'est une somme comparativement faible qui sera vite trouvée, car je connais votre générosité inépuisable, et je sais qu'elle remplira, ce matin encore, les bourses que vous tendront des mains qui voudraient bien être les dernières à se fermer pour recevoir, après avoir été les premières à s'ouvrir pour donner.

Je n'ai plus qu'un mot à ajouter. Si nous nous appliquons à faire passer dans la conduite de notre vie les vérités que la Flèche de Saint-Bénigne nous prêche, si nous tendons d'une volonté persévérante vers le but qu'elle ne cessera de nous montrer, nous avons tout lieu d'espérer que nous verrons un jour la dernière construction de Dieu et de son Christ, celle qui est incontestablement leur chef-d'œuvre architectural, celle qui domine toutes les autres comme votre Flèche domine votre cathédrale, la céleste Jérusalem, c'est-à-dire l'Eucharistie dévoilée, l'Eglise triomphante, la Patrie définitive, la Cité du bonheur, la Vision de la paix. Edifiée, suivant le plan grandiose de la prédestination.

finale, sur la Pierre angulaire qu'aucune puissance ne saurait briser,elle est solide et durable comme l'éternité, et elle est plus belle, avec sa couronne d'anges, qu'une jeune épouse, au matin de ses noces, sous sa couronne de fleurs. Elle est riche en matériaux ; ses murailles sont de l'or le plus pur, dans ses portes sont enchâssés des diamants, elle est toute construite elle-même de pierres vivantes, taillées et polies, selon les desseins de Dieu, par l'épreuve pour la récompense, par la douleur pour l'extase, par la persécution pour la gloire, par la mort pour une vie sans déclin.

Auprès de cette construction merveilleuse que notre œil n'a point encore vue, les monuments les plus splendides de l'art humain, de l'art chrétien, ne sont rien, sinon peut-être, et c'est ce qui fait leur grandeur, son ombre mystérieuse projetée du ciel sur la terre,comme le chant d'action de grâces qui va retentir sous les vieilles voûtes de votre cathédrale restaurée ne sera qu'un écho affaibli de l'hymne triomphal et joyeux que nous poursuivrons pendant toute l'éternité.

O Dieu, qui glorifies l'Humanité, sois à jamais glorifié par elle ; nous te louons, nous t'acclamons en ce jour de fête, comme nous te louerons, comme nous t'acclamerons dans les siècles des siècles. Ainsi soit-il !

Dijon. — Union typographique, imp. de l'Evêché, rue St-Philibert, 40.

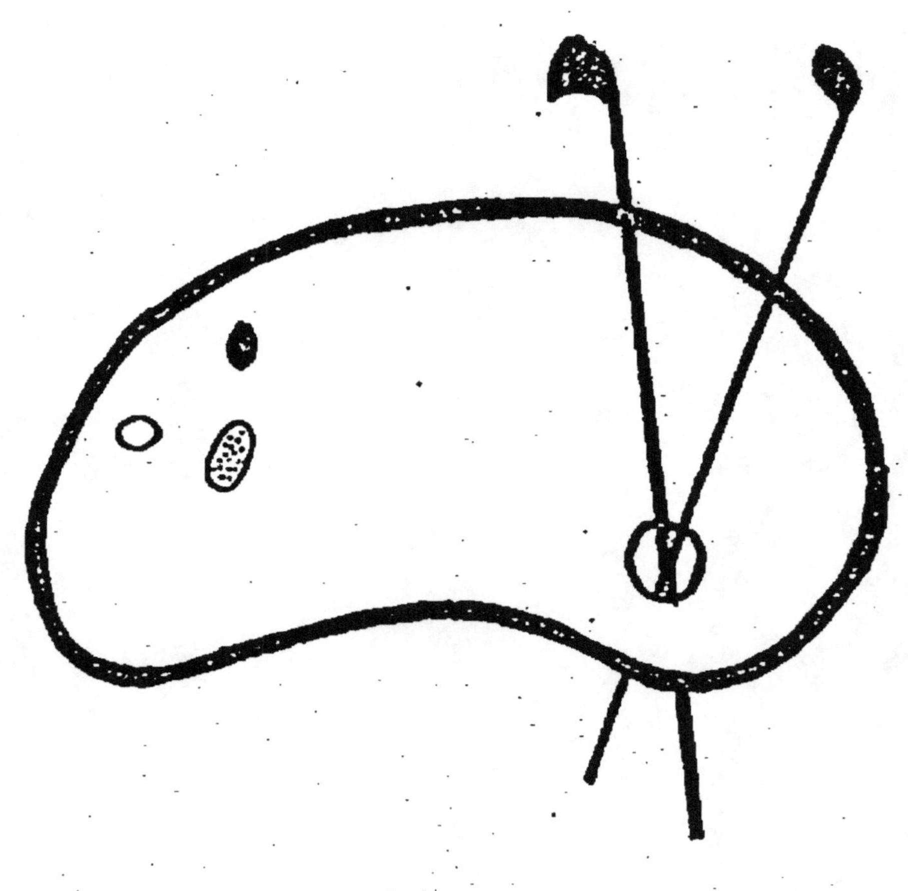

ORIGINAL EN COULEUR
NF Z 43-120-8

www.ingramcontent.com/pod-product-compliance
Lightning Source LLC
Chambersburg PA
CBHW071436030726
47594CB00006B/2756